JN152773

# THE LITTLE BOOK OF DIET HELP

## 読むだけでやせ体質になる!

こころとからだのダイエット・セラピー

キンバリー・ウィリス　高橋璃子 訳

The Little Book of Diet Help
by Kimberly Willis

First published in the US in 2011 by Atria Books
First published in Great Britain in 2012 by Piatkus

©copyright 2012 by Kimberly Willis
Japanese translation rights arranged with Kimberly Willis
c/o Darley Anderson Literary Agency, London
through Tuttle-Mori Agency, Inc., Tokyo

この本であなたがかなえる６つの目標！

1. 自分のこころとからだを前向きに受けとめる

2. おなかが空いたときに食べる

3. 空腹がおさまったら、食べるのをやめる

4. 食べものにとらわれない

5. からだを動かすことが好きになる

6. あらら！ 気がついたら自然に体重が減っている！

# この本について

この本は、ふつうのダイエット本ではありません。

テレビや雑誌は、さまざまなダイエット法を教えてくれます。
あなたもこれまでに試してみたことがあるでしょう。

**なのに、やせられない！　どうして!?**

それは、何かがやせるのを邪魔しているからです。

ダイエットに失敗するのには、ちゃんと理由があるのです。

**この本を読めば、わかります。**
**何があなたを邪魔しているのか、が。**

わたしたちのこころとからだは、密接につながっています。
そして、そのバランスがちょっと崩れただけで、
ついつい食べすぎてしまったりします。

本書では、ヨガや指圧、神経言語学などの技法を組み合わせて、
**こころとからだのバランスを取り戻していきます。**

それらはみな、ダイエットだけでなく、

不安を取り除いたり、自信を高めたりなど、
幅広い分野で高い効果を上げているテクニックです。

こころとからだのパターンを変えて、
前向きな生き方を身につけましょう。
悪いパターンから自由になれば、
無理なく自然にやせられるようになります。
太る原因を取り除くので、リバウンドの心配もありません。

さらに、食べもののことをきちんと知って、
**無理のない健康的な食生活を身につけましょう。**

また、この本では、わたしがダイエットのクラスで

この本について

よく使うテクニックもたくさん紹介しています。
今まで、さまざまな制限ダイエットを試しても
どうしてもやせられなかった人たちが、
かんたんなエクササイズを通じて習慣を身につけることで、
おもしろいように成功していくのです。

**もう苦しいダイエットは必要ありません。**

わたしはダイエットの専門家として、
長年にわたりたくさんの人たちのお手伝いをしてきました。
この本を手にとったみなさんが、すこやかに気分よく、
理想のからだを手に入れてくれることを願っています。

キンバリー・ウィリス

## もくじ

# タッピングって何？

## 「どうして、やせられないの？」

それは、あなたが過去にしがみついているから。
前に踏み出すことを怖がっているから。
そのせいで、余分な体重を手放すことができない――それだけのこと。

過去のわだかまりから自由になれば、

いらない肉からも自由になれます。

タッピングというテクニックを使って、
ネガティヴな感情をときほぐし、洗い流してあげましょう。

この本には、「タッピング」と呼ばれる
テクニックが何度も出てきます。
タッピングって、はじめて聞いた？　なんかむずかしそう？
そんなことはありませんからご安心を。とってもカンタン！
指先でとんとんとツボをたたいていくだけなんですから。

タッピングのもとになっているのは、
ＥＦＴ（エモーショナル・フリーダム・テクニック）といわれる、

いま世界中で大注目のテクニック。

**とんとんとツボをたたくだけで、**
**まるで魔法みたいに気持ちが楽になります。**

ダイエットだけでなく、不安やストレス、
抑うつなどの治療にも使われているタッピング。
自分でカンタンにできて、すぐに効果が出るのが特徴です。

あらゆる心の不調は、
体のエネルギー系が阻害されることで起こるというのが、
EFTの根底にある考え方。だから、

**エネルギーの流れをスムーズにしてあげれば、**
**心の調子もよくなっていくのです。**

そして！　日本のみなさんならお察しのとおり、ルーツは中国。
約5000年前にまでさかのぼります。
ハリや指圧にも用いられている、「経路」への刺激です。

ストレスを感じると、胃が痛くなったりします。
または逆に、
手をつなぐと、あたたかい気持ちになったりしますね。
わたしたちのこころとからだは、
このように、密接にむすびついているのです。

タッピングでは、こうしたこころとからだのつながりをうまく利用します。
悩みや困っていることを頭に思い浮かべながら、

「経路」をやさしく、とんとんとたたいてあげることで、
こころにたまっているネガティブな感情を解きほぐして、
エネルギーの流れをよくしよう！　というわけ。

タッピングは、速攻で効果が上がることもあれば、何日か経って、
「気がついたら、自分の行動が変わっていた！」と気づく場合もあります。

まあ、ともかくやってみてください！
すぐに周りの人たちから、こう言われるようになるはずです。

# 「なんか雰囲気ちがうね。明るくなったみたい」

# タッピングの手順

これから本文に出てくるタッピングポイント、
つまり、タッピングするツボとたたき方を知っておきましょう。

たたき方はカンタン。人差し指と中指の腹で、
トントントントントントントン。8回ずつです。
強すぎないように、やさしくリズミカルに。

イライラしたときには、つぎの順番でタッピングするとおさまります。

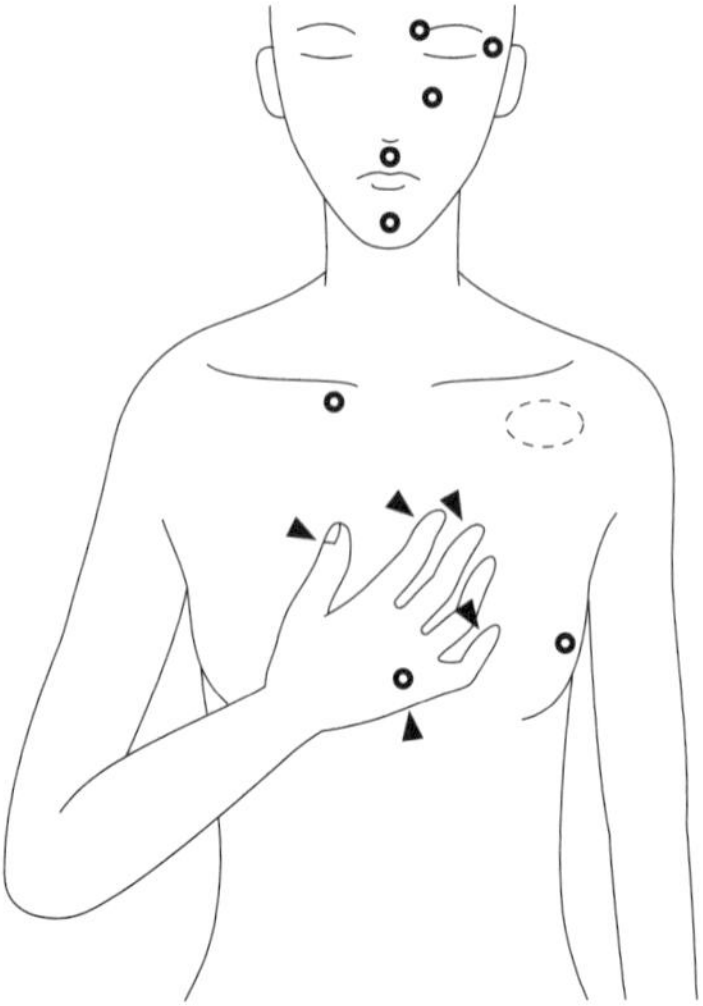

はじめに、手の外側のカラテ・ポイントをトントントントン。空手チョップをするときに使う部分です。

つぎに顔をタッピングします。眉の内側、目尻の横、目の下、唇の上、あごの順番で。上から下に、ちょうどクエスチョン・マークを描くようなかたちです。

そして、手を交差させて、鎖骨と脇の下のポイントをたたきます。
ここはこぶしでたたいても、こすってもいいですが、
20秒くらいは続けてください。

つぎに、両手の指をタッピング。
それぞれの指の、爪の生え際あたりをたたきます。

それから、薬指と小指の間の、
ガミュート・ポイントと呼ばれる場所を。

最後に、カラテ・ポイントをふたたびタッピングして終わりです。

こころにわだかまっているネガティブな感情があれば、

それを声に出して言いながら、タッピングをしてみましょう。
ネガティブな感情は見たくないものですが、
言葉にして認めてあげることで、自然と解放されていきます。
もやもやした感情にかたちを与えて、そのまま受け入れてあげるのです。

エネルギーの流れをととのえながら、
嫌な感情をときほぐして、流してしまいましょう。

# ステップ１　ウォーミングアップ

# ダイエットの大原則

やせるポイントは、たったふたつ。

**インプット＝食べる量（カロリーの量）を減らす**

**アウトプット＝消費カロリーを増やす**

カロリーを消費するのは、代謝。

だから、代謝をアップさせること。

そして、これだけは忘れないで。

**脂質ゼロ≠カロリーゼロ**
**糖質ゼロ≠カロリーゼロ**

ダイエットは、あくまでも全体のカロリーの問題。
脂肪分や糖分よりも、全体のカロリーに気をつけましょう。

# 深呼吸して、やせる

立ちあがって、片方の手をおなかにあてます。
ゆっくりと、深く呼吸。
鼻から息を吸いこみ、おなかの底まで行きわたらせて。
そのまま5回、呼吸を繰り返しましょう。

この呼吸法は、からだの代謝を高めてくれます。

**代謝がよくなると、**
**カロリーをたくさん燃やすことができます。**

# おなかが空いた？　水を飲みなさい！

スナック菓子に手をのばす前に、コップ1杯の水を飲みましょう。

わたしたちのからだは、のどが渇いているだけなのに、空腹のシグナルを出すことがあります！

食べものに含まれる水分をほしがっているのです。

だから、水を飲むだけで、からだが安心して、空腹感がおさまることがあります。

# テレビを観ながらでもやせられる!?

Q. 夜、テレビを観ながらやせること、できませんか？

A. できます！

何もしなくても、生きているだけでエネルギーがいります。
つまり、カロリーを燃やしています。これを基礎代謝といいます。
ちなみに、年齢を経るにしたがって、だんだんやせにくくなるのは、
この基礎代謝量が、年齢とともに減っていくから。

ともかく！　大事なのは代謝！
代謝のいいからだをつくればいいわけです！
ではどうするか？
いい方法があります。それは、
朝のうちに、からだを動かすこと！

朝のうちに運動すると、1日中、
ずっと代謝のいい状態が続きます。

だらだらとテレビを観ているだけでも、
いつもよりたくさんのカロリーを燃やせるのです。

# 誘惑に打ち勝つ2つの方法

あなたの頭の中での戦い。

ひとりの自分はもうおなかが空いていなくて、
ケーキを食べなくても平気だとわかっています。
でも、もうひとりの自分がささやきます。
ケーキは別腹。ひとつくらい、たいしたことないよ。

この誘惑に打ち勝つ方法があります。

**秘伝その1**

人差し指で、唇の上のあたりを、1分くらいそっとこすってみましょう。

どう？　食べたい気持ちがだんだん落ちついてきませんか？

**秘伝その2**

もし、それでもおさまらなかったら、もうひとつ、とっておきのツボを！

耳の前の、ちょうど軟骨が突き出ているところを、親指と人差し指ではさむようにしてマッサージ。

3分ほど、それを続けましょう。

ここは、エネルギーの流れにはたらきかけて、食べたい欲望をやわらげてくれるツボなのです。

やせている人は、
空腹がおさまったら
食べるのをやめます。

太っている人は、
お腹いっぱいになるまで
食べつづけます。

# ハグしよう

別に、恋人じゃなくてもいい。子どもとでも、同性同士でも。
誰かとハグすると、気分がよくなります。
気分がよくなると、食べ方もよくなります。

さあ、誰かのところに行きましょう。

それからもし、あなたの大事な人が、ダイエットで困っていたら、
さあ、その人のところに行って、ハグしてあげましょう。

## 血糖値をコントロールする

糖分の多いパンやケーキを食べたとき、体内で何が起こるでしょう？

- 血糖値が急激に上がる
- 血糖値を下げるために、インシュリンがどんどん放出される
- インシュリンが多すぎて、血糖値が急激に下がってしまう
- 空腹と疲れを感じ、イライラしてくる
- 落ちつくために、もっと何か食べたくなる

●体重が増える

血糖値の急な上昇と降下を繰り返すと、
糖尿病になってしまうことも！

血糖値を安定させるには、
**たんぱく質を多めにとること。**

**炭水化物を食べるときは、まず野菜を食べてから。**
それから、砂糖や白米などの白いものよりも、
玄米や全粒粉のパンなど、
**未精製の茶色いものを選ぶこと。**

血糖値が安定すると……

- おなかが空きにくい
- 少ない量でも満足できる
- 活動的になる
- 気分が前向きになる
- 自然にやせられる

# ドラッグ効果に要注意！

脳の中には、
**脂肪や塩や砂糖を**
たくさん含む食べものに反応して、
幸福感を得る場所があります。

ピザやパイやフライドチキンのことを思い出してみましょう。
塩や砂糖がたっぷりで、油っこい食べものです。

これらの食べものは脳を刺激して、
ハッピーな気持ちにさせます。
ドラッグと同じで、もっともっとほしくなります。
あなたの脳は、幸福感がなくなるのが怖くて、
いつまでも食べ続けなさいと指令を出すからです。
だから、おなかがいっぱいで苦しくても、
まだ食べたいと思ってしまうのです。

こうなってしまうと、もう手がつけられない。
意志の力がなくなって、
**あなたは食べものの奴隷に……**

このような食べものは、ドラッグと同じように危険です。

食品会社は、もっと食べたいと思わせることで、お金を儲けていますから、たくみにあなたを誘いますが、**ワナにはまらないように！**

食べものの怖さを知って、賢く行動しよう！

# 空腹の2つのタイプ

☞ からだの空腹

……何時間も食べないでいるときに感じる空腹。
からだが求めているので、きちんと満たしてあげましょう。

☞ こころの空腹

……気持ちのせいで感じる空腹。
いつでもどこでも、食べた直後にも感じることがあります。
太ってしまう原因です。

# 午後の充電エクササイズ

午後4時、疲れてきたと思ったら、
足踏みエクササイズで元気をみなぎらせましょう！

1. 立ち上がる
2. ひざを高く上げて、腕を大きく振りながら足踏みする
3. つぎに右足と右手、左足と左手を同時に出すようにして足踏みする
4. 2と3を何度か繰り返す

## こころとからだをつなげるエクササイズ

気持ちを明るくして、
こころとからだの調和を取り戻すエクササイズです。

1. 立ち上がる

2. 胸の前で、祈るように両手を組む

3. 手を離し、片方の腕をまっすぐ上にのばして、

手のひらを空に向ける

4. もう片方の腕は地面に向かってのばし、手のひらをからだと反対のほうに向ける

5. ゆっくりと深く息を吸いこむ。息を吐きながら、両手を胸の前に戻す

6. 左右の腕を入れかえて、同じ動きを繰り返す

7. もういちど最初から繰り返す

気持ちが前向きになると、食生活も自然と改善されます。

# 失敗したっていい

ダイエットはとかく、あれ食べちゃダメとか、
これ以上食べちゃダメとか、これだけ食べなさいとか、
いろいろあるわけですが、
四六時中それに縛られていたら、暗くなっちゃうし、長続きしない。
いつもどこか欲求不満で、それを食べもので解消したくなります。
そして、とうとう誘惑に負けてしまうと、
気持ちが落ち込んで、もうどうでもよくなって……
**そう、魔のリバウンド……!!**

それより、これまでよりちょっとだけ、からだにいいものを選ぶ。
それで、なにかひとつでも、
「なんかちょっと変わったかな」って感じることができれば、
「もっとやってみようかな」という気になる。自信が出てきます。

こうしなきゃダメ、という考えは捨てて。
からだにいいものを選んだら、自分をほめてあげましょう。
その小さな積み重ねが、大きな変化を生みます。

なにより大事なのは、あなたが人間であることを許すこと！
**つまり、失敗を許すことです。**
だって、失敗するのが人間の証でしょう？

## 「あれ食べちゃダメ」ダイエットに、さようなら

あれはダメ、これはダメと、食べるものを禁止しないこと！

理由はカンタン。禁止されると、よけいに食べたくなるからです。

たとえば……

「ピンクの象のことを絶対に考えないでください」

ほら、いま、ピンクの象のこと、考えたでしょう？　もし、

「チョコレートを食べちゃダメ、チョコレートなんか絶対食べない」

と考えたとすると、脳の中では……

チョコレート、チョコレート、
チョコレート、チョコレート、
チョコレート！

これでは、食べたくなるのも無理はない。
そして結局、山ほど食べて後悔するわけです。

それぐらいだったら、少しだけチョコレートを食べて、
あなたの頭とこころをチョコレートから解放してあげましょう。

そして、それらを、
もっとましなことに使うべきです！

# 早食い、ダメ、ゼッタイ！

自分が食べているものに注意を払ってる？
早食いをすると、食べものを味わうことができません。

……においは？
……どんな味？
……歯ごたえは？

どんな味で、どんな食感がするか確かめましょう。
食べものへの感謝の気持ちを忘れないで！

## それでもまだ、おなかが空いたら？

鼻と唇の間をさすっても、
耳の前のツボをマッサージしても、
ちっとも空腹感がおさまらないとしたら……
おなかに手を置き、胃のあたりが
どんなふうに感じているか、注意してみましょう。

もしもほんとうに胃が空っぽだとしたら、
**がまんしないこと！**

空腹が行きすぎると、からだの活動が低下します。
食料不足と勘違いして、
からだ全体がエネルギー節約モードに入るのです。

**つまり、代謝を抑える。**
**つまり、カロリーが燃えなくなってしまう！**

そして、次に食事をしたとき、からだは飢えに備えて、
カロリーを貯めこもうとします。
いつ食料不足がくるかわからないので、
あるときにできるだけ貯めこんでおけ！　というわけです。
もちろん、脂肪というかたちで。

つまり、おなかやお尻にお肉がつきます。だから、
**おなかが空いたときには、食べましょう。**

1時間に1回程度、おなかに手を置いて、
あなたの胃の声を聴いてあげましょう。

空腹を無視することに慣れてしまうと、
空腹になかなか気づけなくなることもあります。
からだの声に耳をかたむけることは、とても大事です。

ゆっくり食べましょう。

食べることに意識を向けましょう。

空腹がおさまったら、
食べるのをやめましょう。

余分な脂肪が溶けていくのを
感じましょう。

大事なことは、
いつもシンプルです。

# 長持ちするカロリーを選ぶ

同じカロリーなら、なにを食べても同じ？

**答えはNO！**

食べものによって、消化のスピードが違います。

つまり、胃にとどまる時間が違います。

たんぱく質＝1分間におよそ4カロリー

炭水化物＝1分間におよそ30カロリー

つまり、同じ量のカロリーをとっても、
炭水化物のほうが速く消化されて、胃から消えます。
だから、すぐに、おなかが空きます。

つまり、
**たんぱく質の多い食事をしたほうが、**
**少しのカロリーで長い時間、活動できる。**

つまり、食べる量が少なくていいので、自然に体重が減るというわけ。

**たんぱく質は、血糖値を安定させます。**
**食欲を抑えます。**
1日に食べる量が少なくてすむようにしてくれます。

良質なたんぱく源としては、以下のものをおすすめします！

- **鶏肉**
- **魚**
- **豆類**（もちろん、豆腐を含みます）

# セロトニンに大注目！

セロトニンとは、体内で、
アミノ酸の一種からつくられる脳内神経伝達物質で、
わたしたちの「幸福感」に関係しているといわれています。

セロトニンのおかげで、気分が安定し、
穏やかな気持ちになり、また夜もぐっすりと眠れます。
逆に、セロトニンが少ないと、気分が落ち込みます。

精製された炭水化物は、
短時間で体内のセロトニンの量を上昇させ、気分をハイにしますが、
血糖値の急激な上昇を受けてインシュリンが分泌され、
血糖値を下げるので、幸福感も消え、倦怠感が残ります。

セロトニンの量をいつも高めに安定させておくには、
**セロトニンのもととなる**
**アミノ酸を含む食べものを食べることです。**

たとえば、
**サーモン、その他の魚、アーモンド、鶏肉、卵、**
**バナナ、アボカド、オートミール、全粒粉のパン……**

もし、あなたが過去にしてきたダイエットが、
あなたをユウウツな気分にさせたのだとしたら、
それは、セロトニンのレベルを下げるものだった可能性があります。

だとしたら今こそ！
こころにもからだにもいいダイエット法に変えるときです。

注意！
人工甘味料のアスパルテームは、セロトニンのレベルを下げる可能性があるので、要注意。

## セロトニンのレベルを上げて、気持ちよく過ごすもうひとつの方法

セロトニンは脳内物質ですが、内臓にもたくさん存在して、消化器と脳をつないでいます。

**だから、セロトニンのレベルは、とても大事。**

前の項であげた食べもの以外に、これらも、セロトニンのレベルを上昇させます。

☞ **適度な運動**

☞ 睡眠

☞ よい人間関係

それから、こんなことも効果的！

☞ ペットと過ごす

☞ 太陽の光を浴びる

☞ 楽しいことを考える

気分が前向きになると、
からだにいい食べものを選べるようになります。

すると、からだを動かすことも、楽しくなってきます。

# 耳をすまして

からだの声を聴きましょう。
そしてもし、からだが食べものを必要としているなら、食べましょう。
あなたのからだにいいものを選んで食べてあげましょう。
食べものがたっぷりあるということを
からだに教えてあげれば、からだは安心して活動できます。
だから、代謝量がアップします。

からだにいいこと、してあげましょう。

# ステップ2　自分のこころに目を向ける

# 今、どんな気分ですか？

あなたがどんな気分でいるかによって、
あなたのからだがつくり出す
化学物質が変わります。

代謝のレベルが変わります。
食べたいものが変わります。
からだを動かす量が変わります。

こころを落ちつけて、
ポジティブな気持ちになる方法を
身につけましょう。

それが、
ずーっと永遠に太らない生き方に
つながります。

# 自分で自分にひどいこと、言ってませんか？

こころの中で自分にどんな言葉をかけていますか？
友だちに向かっては言えないような、
ひどいこと、言ってない？

**自分に対して意地悪するのは、**
**今日を限りにやめてください。**

自分で自分を傷つけるようなことを言うのは、今日からやめる！

ネガティブな考えは、こころとからだのエネルギーを奪うから。

それに！
悲しくなったり、さびしくなったり、不安になったり、
無力感におそわれたりすると、
それを食べもので解消したくなっちゃうから。

**自分自身の好きなところのこと、**
**考えましょう！**

## ストレスはダイエットの大敵

生き物にとって、いちばんのストレスは飢餓です。
だからストレスを受けたとき、からだはそれを食料不足と勘違いして、
エネルギーを節約しなければと、代謝が低くなってしまうのです。

**ストレスに対処する方法を身につければ、**
**太りにくいからだになります。**

それにはまず、

1日にほんの数分間でいいので、
なにもせず、こころをしずめる時間をとりましょう。

脳を日々の疲れから回復させてあげるのです。
脳にだって、日々のごたごたを離れ、
バランスを取り戻す時間が必要です。

たったそれだけで、気分が落ちつき、
ものの見方が変わります。抑うつや不安にも効果のある方法です。

こころとからだの調和を取り戻し、
「ストレス食い」から脱出しましょう。

# こころをしずめる
# リラクセーション・レッスン

1日たった5分間の、ミニ・メディテーション。
こころとからだが落ちついて、気分が明るくなります。

楽な姿勢で座り、目を閉じてください。

**全身をこころの目でながめてみましょう。**

どこか痛いところはないですか？
違和感のある場所はないですか？
リラックスしているところはありますか？

つぎに、
今、どんなことを感じているか、
自分の気分に目を向けます。

いらいらしている？
落ちついている？
誰かに腹を立てている？
実はさびしく思っている？

こういうことは感じてもいいけれど、
こういうことを感じるのはよくない、
なんて、先生みたいにならないで。

ああ、そう思っているんだなと、
みーんな、そのままで受けとめてあげて。

こんどは呼吸を意識してみます。
鼻から深く息を吸い込んで、ゆっくりと吐き出します。

吸うときは、
おなかの底までいっぱいに息を満たすようなつもりで。

吐くときは、
頭の中でイーチと数えます。
息を吐くたびに数えて、10までできたら、また1に戻ります。

しばらくすると、集中できなくなって、
なにか別のことを考えてしまうかもしれません。
そうなってもあわてずに、呼吸に意識を戻します。

毎日、続けるうちに、
だんだん無理なく集中できるようになります。

# 思い込みが現実をつくる

こんな思い込みをもっていませんか？

「わたしはずっとダイエットに失敗してきた」
「ずーっと太り続けている気がする」
「自分は人より代謝が悪い」
「わたしは意志が弱い」
「もうこの歳では、やせるのは無理」
「とにかくやせられる気がしない」

あなたのからだと体重について、いちばん強い思い込みは何？
その思い込みは、あなたにどんな影響を与えていますか？

ひょっとして、
**あなたのその思い込みを**
**現実のものとするように行動してしまっている**
なんてこと、ありませんか？

# タッピングでネガティブ思考を追い出す

あなたのネガティブな思い込みのひとつを選んでみて。

こころのなかからそれを追い出すために、以下のフレーズをとなえながら、手と顔のタッピングポイントを指先でトントンとたたいていきます。

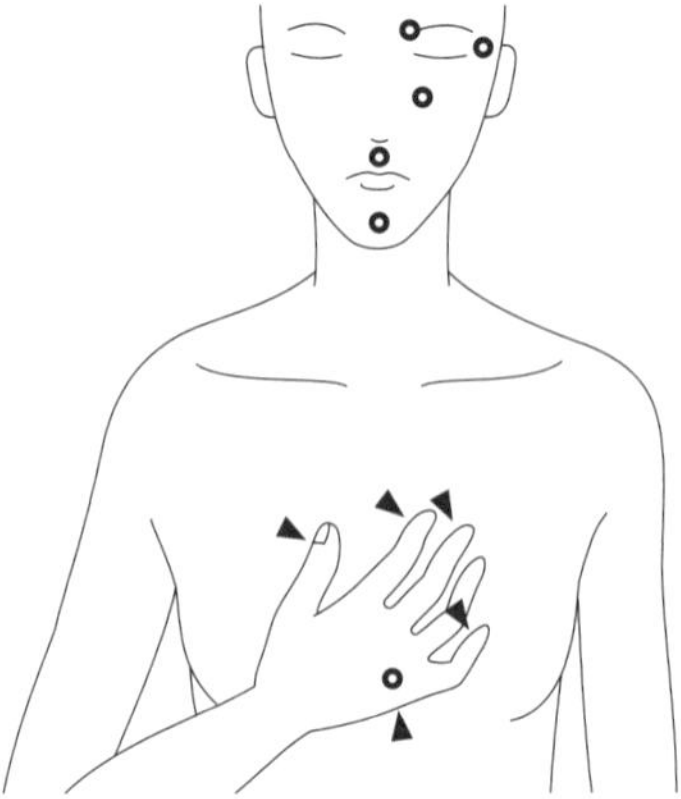

「たとえそう思っていても、わたしは大丈夫」

「たとえ、それがほんとうだと思ってしまっていても、
わたしは大丈夫」

「昔はそうだったかもしれないけど、
もう過ぎてしまったこと。わたしは考えを変えられる」

「この思い込みを捨てたらどうなるか、想像できる」

「この思い込みがほんとうじゃなかったらどんな感じか、
想像できる」

「それを想像すると、□な気持ちになる」
（わくわくするよう、自由、元気、幸せ……など）

# 気分回復
# 笑顔エクササイズ

気分がよくなると、食生活がよくなる。
すると、からだを動かすことも楽しくなる。
――この法則を忘れないで！

ちょっぴり落ち込んでしまったときは、笑顔エクササイズで元気を回復！

1. 立ち上がる
2. ゆっくりと深く息をする

3. 太陽を見上げるように、上を向く
4. 両手をまっすぐ上にのばして、指をいっぱいに開く
5. 笑顔になる（たとえ、そんな気分じゃなくても）
6. もっと笑顔になる（たとえ、そんな気分じゃなくても、歯を見せて、思いっきり！）
7. 世界に向かって、ほほえみかけよう！
8. 息を吐くタイミングで、両手をひらひら振りながら、自然な位置に戻す

ただし、わけを知らない人が見ると、気が変だと思うかもしれないので、ひとりで家にいるときにやったほうが無難かも。

# 自分の気分を決めるのは自分

自分で自分の気分を変えられるようになることは、とても大事。
あなたの気分を決めているのは、
あなた自身だってことを認めることは、とても大事。

**あなたの気分が、あなたのからだの代謝も、**
**何を食べるかも決定しているのだから！**

どうして、気分によって代謝が決まるかというと……
あなたがいい気分でいると、体内のセロトニンのレベルは上昇します。

セロトニンのレベルが上昇すると、幸福感が得られるだけでなく、あなたの食欲にも影響し、少量の食事を何度かに分けてとりたくなります。代謝のいい人の食べ方です。

あなたの気分が悪いとき、セロトニンのレベルも低下しています。そこで、あなたのからだは、セロトニンのレベルをすぐに上げようと、炭水化物を求めます。おそらく、一度にたくさん食べる食べ方です。

**そんなまとめ食いは、代謝を低下させ、食事の頻度が低いので、疲労感も出てきます。**

すると、エクササイズをする気もなくなり、ますます代謝が悪く――燃えないからだに――なってしまうのです。

# ストレスをしずめる木の呼吸法

不安やストレスを感じたときに、
即攻で効果ありの簡単エクササイズです。

1. 立ち上がって、地面を押している足の重さを感じる。
ひざをくっつけないで、楽な姿勢で

2. 両方の足が地面に根を下ろしているところを
想像する

3. 大きな木になったみたいに、
じょうぶな根が地面の中にしっかりと伸びています

4. 肩の力を抜いて、自然にあごを引いて

5. 片方の手をおへそのあたりに当てて、
ゆっくりとおなかの底まで息を吸い込む
そこがあなたのからだの中心です

6. そのまま何度か、深い呼吸を繰り返す

## 「無意識」はあなたの味方

あなたの「無意識」はいつだって、
あなたが幸せになるようにと、はたらいています。
でも、ときどきやり方を間違えてしまいます。

たとえば、チョコを食べたら気分がよくなると、「無意識」は思っている。
だから、気分が落ち込んだとき、あなたの「無意識」は、
チョコを食べて気分をよくしようと考えます。
チョコが一時的な気休めでしかないことを、「無意識」は知らないからです。

チョコを食べたら体重が増えて、また落ち込んでしまう――
なんてことは知らないのです。

あなたのこころは再教育が必要なのです。
もっといい方法があるということを教えてあげなければいけません。
**チョコ以外で気分をよくする方法を教えてあげなければいけないのです。**

あなたのこころは、でたらめに動いているわけではありません。
あなたの無意識が、あなたに逆らって何をしようとしているか、
それをあなた自身が意識できるようになったら……
**あなたが変わるための準備は、もうできています！**

# 自分のからだ、好きですか？

頭とからだが別々に存在しているように思っていませんか？
まるで厚い壁で仕切られているみたいに。

下を向いて見てください。からだはちゃんとそこにあります。
**見えないふりをするのは、もうやめて。**

きれいなからだになるための第一歩は、
自分のからだがそこにあることを認めてあげることです。

「興味深いパラドクス、それは、
人は、ありのままの自分を受け入れたときはじめて、
自分を変えることができるようになる、ということだ」

アメリカの心理学者、カール・ロジャースの言葉です。

からだの悪口ばかり言っていると、からだはなかなかやせてくれません。
からだとケンカしても、いいことはありません。

さあ、あなたのからだを受け入れて。
好きになってあげましょう。

するとからだがあなたの味方になって、美しくやせてくれます。

# からだに感謝する呼吸法

両手の親指をこめかみにあてて、
残りの指をそっとおでこに置きます。

目を閉じてください。
ゆっくりと、3回呼吸します。

呼吸しながら、あなたのからだが
自然のつくった奇跡であることに

思いを向けます。

からだがあるから、
いろんな素晴らしいことができる。
素敵な場所に行ったり、
大好きな人に会ったりできる。
そのことを思い出します。

つぎに、右手を胸にあてて、左手をおへそのあたりに置きます。

自分のからだに感謝して、
あたたかい気持ちを送ります。

「ねえ、元気？」って話しかけて、
あなたのからだとのつながりを取り戻しましょう。

そして、からだにいいことをしてあげます。
お風呂には入浴剤を入れて。
心地よいボディローションをつけて。
ペディキュアをして。
それは、あなた自身をケアしてあげること。

からだを大事にする習慣がついたら、
からだの中に入れるもの――食べもの――にも、
気をつかえるようになるはず。

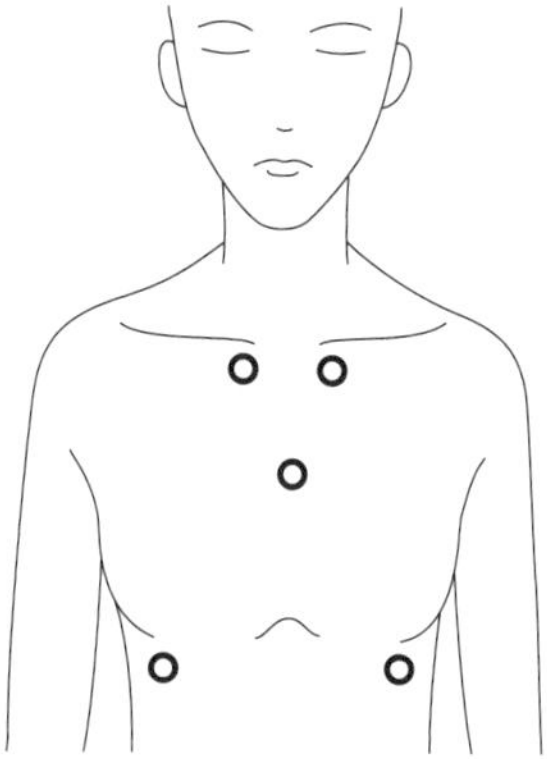

## モーニング・エネルギー・シャワー

毎朝シャワーを浴びるとき、3点タッピングで元気をチャージしましょう。

指先で、次ページにあげるそれぞれのタッピングポイントを、やさしくトントンとたたきます。

ひとつのポイントにつき、30秒くらい。

いずれも、健康に効果的な指圧のツボです。

1. 鎖骨のすぐ下のあたり
2. 胸の真ん中
3. ろっ骨のいちばん下、骨がつき出ているあたり

それから、頭の周りを軽くタップ！
最後に、手首を振って、終了です。

# どんな体形になりたい？

- ほっそり華奢
- 健康美
- ゴージャス
- 引き締まった感じ
- 筋肉美

でも、そんな体形の人を見かけたとき、
こころの中で、こんなふうにけなしてない？

「弱々しいのね」
「やせこけちゃって」
「頭悪そう」
「なんか恐そう」
「痛々しいわ」

あなたの「無意識」は、
あなたが否定的に考えている状態に
あなたを導こうとはしません。

もし、あなたが、やせている人たちに対して、

少しでもネガティブな気持ちをいだいているとしたら、
あなたの「無意識」は、
決してあなたをやせさせようとはしないでしょう。

**だから、今すぐ、あらためること！**

あなたの「無意識」に、あなたがなりたい方向へ、
あなたの行動を導くようなメッセージを送ることです。

# 鏡を見たとき、どんな気持ちになりますか？

いやなところばかり見ていない？
思わず顔をしかめて、ひどい言葉を思い浮かべていたりしない？

**からだの悪口ばかり言っていると、からだはあなたに協力してくれません。**

鏡の中には、あなたが好きなところも映っているはず。
自慢の髪とか、きれいな瞳とか、引き締まった足首とか……。
そういうところも、見てあげなくっちゃ。

やせたいと思うなら、からだを味方につけましょう。
鏡の自分と向き合って、ごめんねと声をかけてあげましょう。

最初はちょっと、はずかしいかもしれません。
でもからだと仲よくするのは、とてもたいせつなこと。
からだにやさしい言葉をかけてあげましょう。

**あなたこそが、あなたのからだの**
**いちばんの親友です。**

自分のからだにやさしくしていけば、
自然に、からだの中に入れるもの——食べもの——にも
気をつかうようになります。

## こころの中のネガティブな声をやっつけろ！

目を閉じて、全身が映る鏡に、裸で立っているところを想像して。
その姿を見て、自分の内側からどんな声が聞こえてくると思う？

もし、ネガティブなことを言ってきたら――

A. ドナルド・ダックの声で、それを大声で言ってみる
B. その声に、強く、自信をもって答える
C. つぎに、ネガティブをポジティブに変えて、反論する

たとえば、こんな感じ。

A.「なんて、太い脚！」

B.「たしかに、太いズボンをはいてるみたい」

C.「太いズボンをはいているように見えるけど、脚は毎日細くなっているのよ」

こころの中のネガティブな声から逃げないこと。
それとちゃんと向き合えば、
そんなの、やっつけられるのです。

# 鏡のパワーを吹き飛ばすタッピング

以下のキーフレーズをとなえながら、顔と手のタッピングポイントを、指先でそっとたたいていきましょう。

ひとつのフレーズごとに、ひととおり。

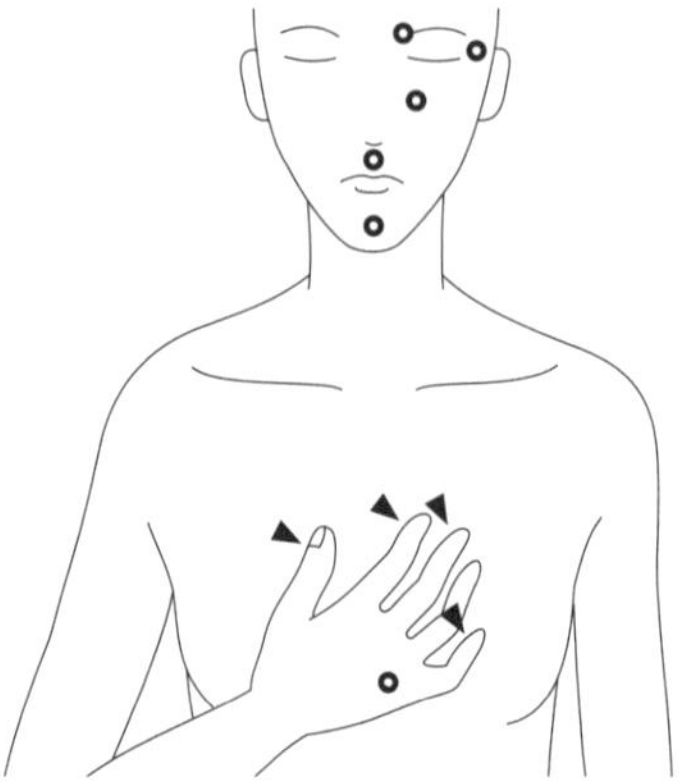

「わたしは自分の見た目を受け入れている」

「わたしは自分のからだをほめてあげられる」

「鏡を見て、からだの好きなところを見つけられる」

「ほめ言葉を素直に聞ける」

「自分で自分を傷つけるようなことはもうしない」

「わたしは自分をいい気分にすることができる」

# あなたのことを大事に思ってくれている人の力を借りるエクササイズ

自分にやさしくなるための、ちょっとしたテクニック。

ありのままのあなたを受け入れてくれる人を、頭に思い浮かべて。

目を閉じて、その人が目の前にいるところを想像します。

やさしい目でこちらを見つめて、素敵な言葉をかけてくれているでしょう?

1分間そのまま目を閉じて、その言葉を受け入れましょう。
あたたかさを感じましょう。

やさしい気持ちが、
その日のあなたを包んでくれます。

# おなかは第二の脳

おなかには、神経が通っています。
不安な気持ちのとき、胃のあたりがきゅっとなるのはそのせいです。
おなかがいっぱいになると、感じ方がにぶくなって、
不安を一時的に忘れることができます。
でも、ときには、不安とちゃんと向き合うことも大事です。
目をそらしているだけでは、不安はいつまでも消えてくれませんから。

消えてくれないので、
**また必要以上に食べてしまうことになりますから。**

自分の気持ちにきちんと目を向けて、
不安から自由になりましょう。

あなたには、ポジティブな気持ちをインプットする
必要があるかもしれません。

自分にやさしく。自分をいたわって。
**自分がかけがえのない存在だということを認めましょう。**

# やせられないのは、誰のせい？

やせられないのは、親のせいではありません。
やせられないのは、恋人のせいではありません。
やせられないのは、仕事のせいではありません。
やせられないのは、子どものせいではありません。

やせられないのは、あなた自身のせいです。

自分のせいだから、自分で変えていくことができます。

**あなたには、**
**それを変える力があります。**

他人のせいにしていると、あなたは無力なままです。
自分で責任を引き受けることができれば、自分の力で変えていけます。
自分のこころとからだに責任をもちましょう。

**あなたには、**
**あなたの人生をつくっていく力があります。**

あなたの生活を変えるためには、
からだを変えるためには、

体重を変えるためには、
人生を変えるためには、

あなたは、あなた自身に
責任をもたなければなりません。
他人のせいや、他人任せにしてはいけません。
それが、あなたが変わる第一歩です。

**責任を引き受けられる人だけが、**
**物事を決める力をもちます。**

自分で決めるということは、
自分を変える力を手に入れるということです。

はじめはちょっと怖い。
でもそれは、とっても自由で、わくわくするような体験です。

# ステップ3　じょうずに食べる

# あなたを太らせた食べ方は？

わたしたちには、いろいろな習慣があります。朝起きたら歯を磨く、木曜は親に電話する、女子だけで月に一度飲みにいく……

食べものについても同じです。

自分でも気づかないうちにできている、決まりきったパターンと習慣。それにしたがって食べているもの。

**そう、あなたを太らせてしまった習慣。**

もし、やせたいと思うなら、まず、それを変えなくっちゃ！

# これまでの食べ方を洗い出す

食べ方に、たとえばこんなルール、もってませんか？


「朝はいつもシリアルとトースト」

「金曜の夜はいつもファストフードを買って帰る」

「お茶の時間には、当然、甘いお菓子がなくっちゃ」

「映画を観るときは、なんてったってポップコーン！」

「出されたものはいつも残さず食べるのが礼儀ってもの」

もし、あなたにあてはまるとしたら……

**そりゃあ、太るはずです。**

いえ、わたしはこんなことしてないって？

では、あなたの食事に関するルールは？

書き出してみましょう。

紙を用意して、左（上）に、あなたの食べものについてのルールを、右（下）に、もっとよい食べ方を書いていきます。

たとえば、

「お茶の時間には、コーヒーとクッキー」

## 「お茶の時間には、コーヒーと果物ひと切れ」

できあがったら、古いルールをよーく見て、
それから、新しいルールにしたがってみます。
はじめはむずかしく感じるかもしれませんが、
やっているうちに、どんどん気にならなくなっていくはず。
がんばって！

## 「残さず食べなさい」という言葉に、まだ縛られていませんか？

あなたが残さず食べたからといって、
飢えた誰かに食べものが届くわけではありません。

もし、もう、おなかが空いていないのなら……

## お箸を置きなさい。

# ストレスは脳に化学変化を起こす

あなたのからだが強いストレスにさらされているとき、

体内では、コルチゾールと呼ばれるホルモンが大量に分泌されます。

これは、わたしたちがまだ狩猟生活をしていたころ、猛獣に出くわして、「闘うか、逃げるか」を迫られたときに出ていたのと同じホルモンです。

わたしたちはもう、生きるか死ぬかの危険にさらされることは、

そうそうありません。

でも、なにか少しでも危険を察知したとき、
わたしたちのからだは、同じようにホルモンを分泌して、
「闘うか、逃げるか」の体勢をとってしまうのです。

そうして、現代の過剰なストレス状況の中で、
コルチゾールもまた過剰となり、よくない影響が出てきているのです。

どんなによくない影響かというと——

- 高血圧
- 筋肉組織の減少
- 免疫力の低下
- 骨密度の低下

☟血糖値の不安定

☟生殖能力への悪影響

☟セロトニンレベルの低下

## ストレスがたまると脂肪もたまる

ストレスは、ダイエットの大敵でもあります。

脳内にコルチゾールが増加すると、その不快感をやわらげるために、無性に甘いものが食べたくなります。

おなかがいっぱいになって血糖値が上がると、少しの間、ストレスを忘れることができるからです。

でも、すぐにインシュリンが放出されて、
血糖値が急激に下がるため、からだがだるくなったり、
いらいらしてきたりします（もう覚えましたね!?）。
で、また食べたくなります。

**その結果、体重が増えます。**

それだけではありません。
コルチゾールの量が多くなると、
新しい細胞をつくるはたらきが弱まって、代謝が低下します。

おなか周りに脂肪がついて、
糖尿病につながることもあるのです。

# ストレスを吐き出す呼吸法

こころをしずめる練習をして、ストレスがたまらないようにする――
それが、脂肪をためない第一歩です。

日々のストレスを吐き出して、
気持ちを安定させてくれる呼吸法をご紹介しましょう。
こころもからだもリラックスして、ストレス食いを防ぐことができます。

## 1. 楽な姿勢をとる。

座っていても、立っていてもかまいません

2. フーッと音を立てながら、口で大きく息をする。
それを何度か繰り返す

3. フーッと息を吐くとき、空気といっしょに、
ストレスや悩みごとも吐き出してしまうつもりで

4. そして、息を吸い込むときは、
穏やかで軽やかな空気が
からだを満たすのを感じてみよう

# やけ食いしたくなったら

毎日がストレスでいっぱいだと、
食べものに気持ちが向いてしまいます。
なにもかもがうまくいかないときでも、
食べるものだけは、自分で好きに決めることができるからです。
だからストレスがたまると、やけ食いをしたくなるのです。
でも、食べることだけがストレス解消法ではありません。

もっとよい方法があるということを、
こころとからだに教えてあげましょう。

気分が落ち込んで、
**やけ食いしたくなったときには、**
**左手の小指をつまんで、**
**爪のすぐ下のあたりをなでてあげましょう。**

このツボは気分の落ち込みにとても効果があり、
やけ食いに走るのを防いでくれます。

# 食べすぎリストをつくる

## 自分が、どんなときに食べすぎてしまうのか？

ついつい食べすぎてしまう状況を思い返して、書き出してみましょう。
時間や場所、シチュエーションなど、思いつくことをみな書き出します。
つぎに、ひとつひとつの状況について、改善策を考えます。
食べすぎなくても快適に過ごせるやり方を、その横に書いていくのです。

その状況にいるときには、周りが見えません。
でも冷静なときに考えれば、よいアイデアも浮かんでくるというもの！

つぎに、そのような状況になったら、
このリストを思い出してみるのです！

あなたのこころは、きっと、
**食べすぎるよりも賢い方法がある**
ということを、ちゃんと覚えていてくれるでしょう。

## 「どうしてもあれが食べたくてたまらない！」そんなときは？

手の甲をつぎのようにタッピングして、食べたい欲求を抑えてあげます。

1. まず、片方の手を、胸にあてる

2. 反対の手の指先で、薬指と小指の間をやさしくたたく。少しずつ手首のほうに向かっていく

3. タッピングしている間、今「食べたい」と思っていたものをじっと思い浮かべる

4. もう片方の手も、同じようにやってみる

## 自分を取り戻す
## リセット呼吸法

忙しくて自分の時間がとれないときは、
この呼吸法で、こころとからだをほぐしましょう。
2分間で調子がよくなり、
前向きに物事に取り組むことができます。

1. 右手を心臓のあたりにそっと置く

2. 左手はおへそのあたりに置く

3. 目を閉じ、鼻からゆっくり息を吐く。
それから、息が自然に入ってくるのを感じる。
からだいっぱい深く呼吸して

4. 自分のいいところを、いくつか思い浮かべる

5. そのまま10回ほど深く呼吸をしたら、
目を開けて、日々の暮らしに戻っていきます

# いつもいつも食べもののことばかり考えているとしたら？

空腹をがまんしていたり、食事を抜いたりしていませんか？

空腹をがまんしすぎると、
手っとりばやく血糖値を上げてくれる
食べものがほしくなります。
つまり、甘いものがほしくなる。

でも、思い出して！

砂糖や炭水化物は、食べると、
血糖値はいきおいよく上がるものの、すぐにまた下がってしまいます。
すると、からだがだるくなり、いらいらして、
また食べものがほしくなる……。

その結果、必要以上に食べすぎて、
太ってしまうのでしたね！

あなたは今、選択できます。
あなたは悪習を絶ち切り、新しい習慣を選びとっていくことができる。
そのことを忘れないでください。

# 食べものへの依存が消えるタッピング

次のキーフレーズをとなえながら、手と顔のタッピングポイントを、指先でそっとたたいていきましょう。

無性に□が食べたくなっても、わたしは大丈夫

□を食べるのがやめられないとしても、わたしは大丈夫

- 食べたい気持ちがずっと消えなかったとしても、
  わたしは大丈夫
- □を食べることで、うまくいくこともある
- □を食べたら、気分がよくなる
- 食べたい衝動が抑えられなくても、わたしは大丈夫
- □がないと生きていけない気がするわたしのことも
  受け入れられる

最後に、両手で頭の周りをタップして終了。

# 誘惑を振り切るクイックタッピング

冷蔵庫の前で食べるか食べないか迷っているようなときに、試してみてください。

片方の手の指先で、こめかみをやさしくたたきます。だんだん後ろにずらして、耳の裏側を通り、首や肩のあたりまでリズミカルにたたいていきます。

タッピングしながら、次のキーフレーズを5回ずつとなえます。

左手☞

□の味なんて別に好きじゃない。

右手☞

□を食べなくても平気になりたい。

# ステップ4　こころの空腹に打ち勝つ

「世界中のクッキーを食べつくしても、
あなたのこころに空いた穴が
埋まるわけではない」

マイケル・ニール

（ベストセラー作家・ライフコーチ）

## こころの空腹をしずめるストレッチ

いまの空腹感は、心理的なもの？
それとも、ほんとうにおなかが食べものをほしがっているの？
その区別がちゃんとつくように、
からだの感覚を呼び起こしていくエクササイズです。

1. 両手を自然に両脇に下ろして、立ち上がる

2. ゆっくりと両腕を上げ、頭の後ろでのばす

3. そのまま後ろ上方に
腕が引っ張られるようにストレッチ。
おなかの筋肉も引っ張られるのを感じる。
これによって、胃が本来の正しい位置に落ち着きます

4. ゆっくりと腕を下ろしていく。
これを3回繰り返す

このエクササイズは、背中の痛みにも効きます。

## こころの空腹をしずめる クイックタッピング

片方の手の指先で、こめかみをやさしくたたきます。
だんだん後ろにずらして、耳の裏側を通り、
肩のあたりまで下ろしていきます。

まず左手でタッピングしながら、
つぎのフレーズを5回、こころの中で繰り返しましょう。

「いやな気分になっても、もう食べすぎない」

そして、右手でタッピングしながら、
つぎのフレーズを5回繰り返しましょう。

「食べるのは、健康のため、
スリムなボディのため!!!」

※左利きの人は、左右を逆にしましょう。

## 食べてしまった、その後のことを想像してみる

ちょっと想像してみて。あなたの前には、
カロリーたっぷりの、
おいしそうな食べものが並んでいます。

ああ、食べたい！　すごく食べたい！
ひと口ぐらいは、食べなきゃいけないわ。
だって、すごく忙しい1日だったんだから。

——誘惑に負けるのはカンタンです。

でも、それは、あなたが自分の人生のうちで、
目の前の30秒のことしか考えていないということです。
もっと先を見てみましょうよ!!

といってもものすごく先、というわけではありません。
たった30分先。目の前の30秒だけのことではなくて、
その先の30分を想像するのです。

**食べてしまったら、**
**30分後、どう感じていると思う?**
**では、食べなかったら?**

そうしたらつぎに、30日後のことを考えてみます。
30日後のあなたはなにをしたいと思ってる？
どんな服を着たいと思っている？

一瞬の快楽は、その後長く続く堕落への道！
残るのは、後悔と自己嫌悪です。

**結局それは何をもたらすのか？　結果から考えましょう。**

あなたには、食べないことを選ぶこともできます。
そして、その結果、自分に満足することも。

**選ぶのは、あなたです。**

# 綱渡りの綱から地表に降りる

あなたはこれまで、危なっかしい綱の上を歩いてきました。
ダイエットという綱渡りの綱の上です。

そして、ここで学んでいるのは、その
**危なっかしいダイエットの**
**綱渡りから自由になる**ということです。
生活を変えて、ストレスフルなダイエットからオサラバして、
バランスのとれた、地に足のついた、

太らない生き方を身につけることです。

あなたは今、新しい地上の道を歩いています。
地面の上ですから、少しくらい横にそれても、
すぐに戻ることができます。

**人は誰でも、失敗するものです。**

でも失敗したからといって、
細い綱からまっさかさまに落ちるわけではありません。
道の上をふらふらと、
あっちにそれたりこっちに寄ったりしているだけです。
道は広いのですから、また前を向いて、
まっすぐ歩き出せばいいのです。

でも、いったい
どうすりゃいいんだ⁉
ですって？
要するにこういうことです。

**チョコレートが食べたくなったら、**
**少しだけ食べてＯＫ！**

**ひと口食べてしまった後悔から、やけになって、**
**ひと袋まるごと食べてしまわなくてもいい！**
ってことです。

ひと口を存分に楽しんで！
で、残りのチョコレートは放っておきましょう。

**ときには失敗することもあります。**

そんなの当たり前。
だって人間ですもの。それでもいい！

**そういう自分も許してあげよう！**

# 食べものへの執着を一瞬で吹き飛ばすパワフル呼吸法

食べものへの執着からどうしても自由になれないときには、この呼吸法を試してみましょう。

1. 立ち上がる
2. 息を吸いながら腕を曲げて、胸の前でこぶしをつくる
3. あなたにつきまとっている

ネガティブな考えのことを思い浮かべる

4. 手のひらを開きながら、腕をいきおいよく振り下ろす。それと同時に、息を思いきり大きく吐き出す

5. 1～4を3回繰り返す

6. 片手を心臓のあたりに、もう一方の手をおなかに当て、目を閉じて、鼻からゆっくり息を吸い、ゆっくり吐く。これも3回繰り返す

だんだん気持ちが軽くなって、
なんだか前向きなエネルギーに満ちてきませんか？

# ステップ5　お酒がよくない理由

## 肝臓は、あなたのからだの専用掃除機

はたして、お酒は太るのか？
それを解明するポイントのひとつは、肝臓です。

肝臓は、あなたのからだの掃除機です。
からだにたまった毒を、きれいにしてくれます。
強い毒ほど危険なので、先に掃除しなくてはいけません。
そこで、からだにアルコールという強い毒が入ってくると、

肝臓はまっ先にこれを分解しようとします。

すると、

**アルコールの分解に忙しくて、**
**余分な脂肪の分解までは**
**手が回らない！**

だから脂肪が処理されないまま、からだにたまってしまうのです。

## まだまだ続く、肝臓とアルコールのお話

さらに！

からだに入ったアルコールの一部は、
脂肪になって肝臓にたまります。

ほかの一部は分解されて酢酸になり、
エネルギーとして燃やされますが、
アルコールがエネルギーとして燃えているときには、

からだの脂肪を燃やすことができません。

つまり、

**お酒を飲むと、**
**脂肪が燃えない！**

だから、お酒を飲むとやせられないのです。

さらに！

**おつまみも食べたくなるので、**
**さらに太ってしまいます。**

# お酒を飲むと、筋肉が減る!?

アルコールは、体内のコルチゾールというホルモンを増やします。
ストレス反応のときに分泌されるのと同じ、あのコルチゾールです。
**コルチゾールは、からだの筋肉を分解してしまいます。**

いくらジムでがんばって鍛えても、
お酒を飲んだらムダになってしまうということです。

華奢なからだになりたいんだから、筋肉なんていらない、というあなた！

**代謝は、筋肉で行われる**

って知っていますか？

**筋肉が減るということは、**
**代謝量が減るということです。**
**やせにくいからだになるということです。**

コルチゾールはまた、睡眠のバランスも妨げます。
食べものの嗜好にも影響を与えます。

要するに、脂っぽくて、刺激の強い、
からだによくないものを食べたくなってしまうのです。

**つまり、アルコールは、筋肉を減らし、**
**食欲を増やしてしまうんです！**

おなかが出ているのは、
肝臓に脂肪がたまっている証拠。

なかなか体脂肪が減らないのは、
肝臓に負担がかかっているからかもしれません。

**肝臓に負担をかける食べものとは……**

アルコール

- 砂糖
- カフェイン
- 加工食品
- 精製された炭水化物（食パンや白米など）
- 脂肪分の多い食べもの

ときには肝臓にやさしいものを食べて、肝臓を休ませてあげましょう。

グラス1杯のワイン

=

グラス1杯のパスタ!

それでももう1杯、飲みますか？

## 肝臓にやさしい手のひらマッサージ

左手の親指で、右の手のひらをマッサージしましょう。
親指の腹で、やさしく円を描くように、手のひら全体をマッサージします。

およそ3分間。
1日に2回、あいた時間に。

手のひらのツボが肝臓を刺激して、
疲れを効果的にとりのぞいてくれます。

## 肝臓のはたらきを高める足ツボマッサージ

今度は足です。

右足の親指と人差し指の間に
右手の指先を置いて、軽く押します。
そのまま、足首のほうに少しずつ
手をずらしていってください。

2センチくらい進むと、少しくぼんだところがあります。

このくぼみを1分間、やさしく押します。

肝臓のはたらきをととのえ、
活性化する強力なツボです。

いつでも、なるべく自然の状態に
近いものを食べること。
たとえば、

アップルパイより、
生のリンゴ！

自然のものを食べると、
肝臓の負担が減ります。

そのぶん、あなたは元気でいられます。

# 毒素を追い出せ！

ヘルシーな食事をして、からだをたくさん動かすほど、
体内の毒素は外に追い出されます。

すると、
自然にエネルギッシュになってきます。
見た目も若々しく、生き生きしてきます。
心理的にも肉体的にも、健康になります。

# 毒素を追い出すリンパマッサージ

鎖骨の下、肩に近いあたりのくぼみを触ってみましょう。
少し感じやすいポイントがあると思います。

そのあたりを、円を描くようになでてみましょう。
左右それぞれ1分ずつ。

リンパの流れをよくして、からだの毒素が外に出るのを助けます。

## シンプルな真実

||

## 毒素が少なくなればなるほど、エネルギーが多くなる

# ステップ6　「無意識」を手なずける

# 「無意識」といっても、構えなくて大丈夫

むずかしい話ではありません。
わたしたちは誰だって、知らないうちに無意識を使いこなしています。

たとえば、朝起きたとき、
自然に歯を磨くことができるのも、無意識のおかげです。
いつも繰り返しているような日常の動作をするとき、
わたしたちは無意識にからだを動かしています。
いつも通る道を歩いているときもそうです。

わたしたちの意識はお休みモードになって、
無意識のはたらきにまかせています。
だから、さっきの交差点に何があったかと聞かれても、
すぐには思い出せません。

無意識に動けることには、メリットがあります。

**1. 意識の活動を休ませられる**
**2. いったん習慣になれば、**
**忘れずに自分のからだをケアできる**

でも、問題もあります。

**よくない行動もまた、無意識のうちに**
**繰り返してしまうことになるからです。**

# 知らないうちに食べてしまう理由

気がついたら、お菓子の袋が空っぽになっていたという経験、
あなたにもありますよね!?

特に味わった記憶もなければ、
袋を開けたことさえ覚えていないかも。
無意識のうちに、いわば、
**失神状態で食べているからです。**

食べることが無意識の習慣になってしまうと、
きちんと判断することができなくなります。

スーパーマーケットに行くと自動的に、
いつものブランドのトイレットペーパーと
ピーナッツバターをカゴに入れるのと同じように、
**ストレスを感じたら食べるという習慣が、**
**あなたの無意識に刷り込まれてしまっているのです。**

そして、すっかり食べてしまったあと、
はっとわれに返って気づきます。

**あっ！　また全部食べちゃった!!**

タバコがやめられない人と同じ。
食べることからなかなか抜け出せないのです。

**さあ、起きて！　失神状態から目を覚まして！**

無意識に食べてしまうのを防ぐには、
眠っている「意識」を揺さぶり起こしてあげること。

それには、**いつもと違うことをやってみればいい。**
そうやって、あなたの「意識」を起こすのです。
無意識にすっかり乗っとられてしまう前に、
まだ戻れるポイントというものが必ずあります。

たとえば、おなかも空いていないのに
冷蔵庫の扉を開けそうになったときに、やってみて。

- **ジャンプ！**
- **足踏みをする**
- **手をたたく**
- **叫ぶ**

これなら、あなたの「意識」もびっくり！
はじめはなかなかうまくいかないかもしれませんが、
何度か試しているうちに、
だんだん無意識の力が弱まっていくはずです。

## 強力な「無意識の力」を、やせるために活用する

いわゆるイメージトレーニングです。どうやってやるかというと――

同じことを何度も何度も頭に描いていると、やがて、それが現実に起こったことのように思えてきます。

脳が錯覚してしまうのです。

わたしたちの記憶は、それがほんとうに起こったことなのか、何度も聞いたり想像したりしているうちに経験した気になっているだけの話なのか、区別がつかなくなります。

ということはつまり、

**自分が健康的にやせた姿を、**
**何度も何度も想像してみればいいわけです。**

やせたあなたは、どんなことをしているでしょうか？
テレビを観ながらだらだらポテトチップスを食べたりしてるかしら？
おなかも空いていないのに、
冷蔵庫の中をのぞいては、アイスクリームをなめたりしているかしら？

やせた自分を想像しているうちに、
自然に、やせたあなたがするであろう行動をとるようになります。

**で、実際にやせていく！**　というわけです。

# ゴールをイメージする

あなたの「意識」が集中できるように、ゴールをイメージしましょう。
もちろん、ゴールは、スリムで生き生きとした、きれいな自分！

目を閉じて、静かに呼吸して、こころを落ちつかせます。
そして、ゴールどおりにやせた自分の姿を頭に描きます。

あなたは、前から着てみたかった憧れの服を身にまとっています。
そんなあなたにみんなが振り返り、賞賛のまなざしを寄せています。

お洋服を買っているあなた。
もちろん、サイズのせいで、
着たかった服をあきらめるなんてことはありません。
あなたが着ると、なにを着ても素敵に見えます。

**こんな細身の服、着られるかしら?**
**なんて思ったけれど、まあ、ぴったりだわ!**
**そして、あなたは、試着室の鏡の前でうっとり。**
**なんて、素敵なの!!**

その想像の世界を、こころゆくまで楽しんで!

そしたら目を開けて、今日のカレンダーに印をつけましょう。

今日は記念すべき日です。
あなたがゴールに向かって歩き出した記念すべき日。

あなたは、ほほえんでいるはずです。
だって、自分にはやれる、
その日がくると、わかっているからです！

# 外食のリハーサルをしておく

ダイエット中の外食のお誘いほど、やっかいなものはありません。
せっかくここまでやってきたことが、一晩で崩れてしまう予感……。

でも、それが、仕事のお誘いとか、親戚の集まりとか、
気になるカレからのお誘いとあっては……。

いずれにしろ、外食のたびにダイエットが失敗してしまうようでは、
この先、一生ダイエットなんてできません。

じょうずに乗り越えるテクニックが必要です。

**それには、リハーサル。イメージによるリハーサルです。**

目を閉じて、ゆったりと呼吸しながら、
レストランのテーブルにつく自分を頭に描きます。
そう、ちょうど映画を観ているようなつもりで。
メニューを見るあなた。
もちろん、お魚料理を選びます。
それもフライではなく、ソテー。できれば、蒸した魚。

ワインも、グラスに口をつける程度で減らないので、
それ以上注がれることもありません。

そして、あなたは、おなかが満たされたところで、
ナイフとフォークを静かに置きます。

食事を終えたあなたはくつろぎ、満足しています。
**食事にコントロールされるのではなく、**
**食事をコントロールできた自分に。**

そして、目を開きます。

外食の日まで、これを何度か繰り返します。

# ストレスフルな状況も予行演習しておく

まだよちよち歩きのあなたのダイエット、
せっかくペースがつかめてきたかなというときに、
邪魔をして、いっぺんに台無しにしてしまう、
もうひとつの要因――それが、思いがけない緊急事態。

急に、大きなプレゼンをしなければならなくなったり、
仕事で苦手な人といっしょに行動しなければならなくなったり……。

仕事には、ストレスをともなう想定外の状況がつきものです。
そんなとき、つい無意識が顔を出し、

**気がついたら、食べていた！　飲んでいた！**

なんてことにならないよう、こうした事態についても、
あらかじめイメージトレーニングしておきましょう。

たとえば、商談に遅刻しそうな自分を思い浮かべます。
息はハアハア、実際に心臓が早鐘のように鳴り響くまで。
それから、ゆったりとした呼吸で、自分を落ちつかせます。

もし、これがすぐにできるようになったら、
ほんとうにストレスフルな状況になっても、
すぐに呼吸を整え、冷静な自分を取り戻せるはずです。

**そのイメージが、あなたの無意識に刷り込まれるまで**
**何度でも練習しておきましょう。**

6週間続ければ、
習慣になります。

3か月続ければ、
それが生き方になります。

あなたは、
どんな生き方をしたいですか？

食べ方や生活を変えようとすると、はじめは努力が必要です。
でも何週間か続けるうちに、だんだん苦にならなくなってきます。
やがてそれは当たり前のこととして、生活の一部になるからです。

いつのまにか、あなたは無意識のうちに、

健康的に食べ、
より活発にからだを動かしている
自分に気づくことでしょう。

# ステップ7　からだを動かすのが好きになる

## 楽しくなければ続かない！

ダイエットのクラスに参加する生徒さんたちの多くがジムの会員にもなっているようです。

ところが話を聞くと、驚いたことに、みんなジムに行くのが苦痛でしかたない、と言うのです。

でもちゃんと通うようにがんばると。

「どうして？」とわたしは訊きます。

**楽しくないなら、やめてしまえばいいのに！**

ジムに通う以外にも、からだを動かす方法はいくらだってあります。
楽しめることでなければ、長続きしないはず！

散歩をするのも、ジョギングするのも、踊るのも、
みんな立派なエクササイズ！

水泳、サイクリング、ヨガ、
テニス、ボート、柔道、乗馬……

**自分にぴったりの、**
**楽しんでからだを動かす方法を見つけましょう。**

# 代謝を促進させる
# いちばんの方法

どうせもう代謝が衰えているから……
もう若くないから……
だから、今からじゃやせられない？

**ただの言い訳です!!**

実際は、からだに負荷をかけていないせいで、
筋肉量が落ちているのです。

それが代謝量の落ちる原因です。
運動こそが、年齢に関係なく、
燃えるからだをつくるいちばんの近道。

**さあ、動いて!!**
**運動は、代謝量を倍増させます。**

ただし、汗をかいて、息がはずむくらいの運動でないと、
そうはなりません。

# 運動の4つの効用

からだを動かすと――

## カロリーが消費されます

からだを動かしている間じゅう、余分なカロリーが消費されますから、その分、あなたはゴールに近づきます。

## 代謝のはたらきがアップします

運動をしているときだけでなく、

運動を終えたあとも、やせるようになります。

## 幸福感が増します

運動すると、快感を引き起こす脳内物質であるエンドルフィンが分泌されます。
そのおかげで、気分がよくなります。

## からだが引き締まります

運動すると、ただ、やせるだけでなく、
心臓病や糖尿病などになるリスクが減ります。

## やせたいなら、食べなさい

代謝は、生まれつきの体質によって決まるわけではありません。
食べるものや、からだを動かす量によって、つねに変化します。
厳しい食事制限をして、いつもおなかを空かせていると、
からだはそれを食料不足と勘違いします。
エネルギーを節約するために、代謝を低下させてしまいます。

**食べるのをがまんしても、やせることはできません。**

からだが飢えては逆効果。やせたいなら、食べましょう。

# 水！　水!!　水!!!

水分が足りないと、だるくなります。
のどが渇くと、代謝が低下します。

ステップ1でもお伝えしたように、
**水分がほしいだけなのに、**
**空腹のサインが出てしまうこともあります。**

スナック菓子に手をのばす前に、まずは、水を1杯！

## 脳を元気にするマッサージ

脳は、あなたのエネルギーの中心です。
脳だって、ときには、元気づけてもらいたがっています。
いまひとつ元気が出ないときは、以下の手順で、
脳を刺激してあげましょう。

1. 楽な姿勢で座る

2. 呼吸に意識を向けて。ゆっくりと、深く呼吸する

3. 両手の親指をこめかみにあて、
残りの指をおでこの真ん中にもっていく

4. おでこの皮膚をやさしく引っ張るようにゆっくりと、
指を外側にずらしていく

5. おでこのつぎは、頭のてっぺん。
そのつぎは後頭部と、同じように繰り返す

6. 手を首から肩に、自然にだらんと下ろしていく

7. 最後に深く呼吸をして。
マッサージする前との違いを味わう

# 免疫力をアップさせる指圧マッサージ

こころとからだが元気になると、もっと活発に運動できるようになります。

そのためには、免疫力をアップさせる指圧マッサージが効果的です。

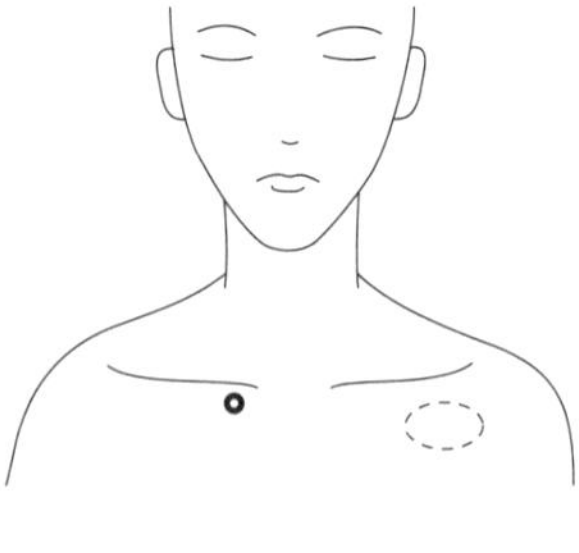

1. 鎖骨の突き出した部分に指先をあてる

2. そこからすぐ下の、胸の上あたりに、くぼんでいるところがあるので、そこをさする

3. ゆっくりと息をしながら、このツボを1分間、しっかりと押す

# 歩こう！　歩こう！　歩こう！

肥満研究者のジェームズ・ヒル博士によると、
やせている人は、１日に５０００歩、歩きます。
活動的な人は、１日に１００００歩、歩いています。
太っている人は、１日に３０００歩しか歩いていません。

歩数計で、自分が何歩歩いているか計ってみましょう。
１日たった２０００歩で、人生が大きく変わります。

運動は、緊張とストレスを解消します。
運動は、エンドルフィンの分泌を促します。

**エンドルフィンは、**
**わたしたちを幸せな気持ちにさせる**
**脳内化学物質です。**

だから、運動したあと、
わたしたちは、
いっそう穏やかで幸せな気持ちになれます。

**幸福感で満たされるほど、**
**より健康的な、より少量の食事を**
**するようになります。**

## 運動したくないときのクイックタッピング

からだを動かすのがどうしてもいやな気分のときに。

片方の手の指先で、こめかみをやさしくたたきます。

だんだん後ろにずらして、耳の裏側を通り、

首や肩のあたりまでリズミカルにたたいていきます。

タッピングしながら、次のフレーズを5回ずつとなえます。

左手☞
からだを動かすのは、
きらいじゃない

右手☞
わたしはからだを動かしたい。
運動したらとても気分がいい

※左利きの人は、左右を逆にしましょう。

## 元気が出ないときのエナジータッピング

1. 鼻から深く息を吸って、ゆっくりと吐き出す

2. 両手の親指をこめかみに当て、残りの指をおでこの真ん中にもっていく。おでこの皮膚をやさしく引っ張るようにして、ゆっくりと指を外側にずらしていく

3. つぎに、眉間に近いところを、

人差し指でとんとんと8回たたく。
左右同時におこなうこと

4. つぎにまゆげの外側の端を、
同じように8回たたく

5. 両手の指先で、こめかみをやさしくたたく。
だんだん後ろにずらして、耳の裏側を通り、
首や肩のあたりまでリズミカルにたたいていく。
これを3回繰り返す

6. 両手の人差し指で、目の下を8回、そっとたたく

7. つぎに唇の上を8回、あごを8回、たたく

8. 最後に、両手両腕を軽く振って、おしまい

## 忘れないで

きっと失敗するときがあるでしょう。あなたは完璧ではありません。
だって、人間ですから。人は誰でも、しくじるものです。
だから、ちょっとぐらい、自分との約束を破ってしまったからといって、
いつまでもくよくよ後悔するのは、時間とエネルギーの無駄です。

**クッキー1枚食べてしまったからといって、**
**何もかもダメになるわけではありません。**

予定どおりに体重が減らないからといって、
疲れて運動をさぼってしまったからといって、
それでこれまでの計画を全部やめてしまうなんて、もったいない。

あなたは、ちょっと寄り道しただけです。
少し予定は狂いましたが、
正しいルートに自分を戻してあげればいいのです。

**後悔しているひまがあったら、**
**立ち上がってからだを動かしましょう！**

# 酸素で、太らないからだになる！

わたしたちは、なにげなく呼吸していますが、
呼吸を深くするだけで、代謝量が最大で30パーセントもアップします。
つまり、燃えるからだになります！

- 呼吸するごとに、体内の毒素が分解される
- 深い呼吸はリンパの流れを刺激し、毒素の排出を助ける

## 深い呼吸は、体内に酸素をたっぷり行きわたらせ、腸の栄養の吸収力を高める

ほとんどの人は、気づかないうちに呼吸が浅くなっています。
胸だけでおこなう胸式呼吸になっています。

おなかの底まで息を吸い込む腹式呼吸を試してみましょう。
息が出ていったり入ってきたりするたびに、
おなかが膨んだりへこんだりするように、呼吸します。

**入っては出ていく空気を意識してみましょう。**

# 酸素たっぷり呼吸法

1. 立ち上がる

2. 片方の手でこぶしをつくり、ろっ骨の下に軽くあてる

3. もう片方の手をこぶしにかさねて、そっとからだに押しつける

4. 鼻から深く息を吸い込む。
手が押されるのを感じる

5. 手の力を抜いて、息をゆっくり吐き出す

6. これを10回繰り返す

こころにもからだにも
エネルギーが満ちてくるのを感じてください。

# ステップ8　変化を受け入れる

## 目標を成し遂げるための3つの質問

あなたの目標は、やせることです。
ほっそりとして魅力的な、憧れの体形になること！

目標を達成するためには、
目標をしっかりとイメージすることが大事です。
ゴールの場所がわからなければ、
ゴールにたどりつくことはできません。

**Q.目標にたどりついたかを判断する基準は何ですか？**

体重計の数字？　ウエストサイズ？

入らなかったジーンズがはけるようになったとき？

**Q.いつ目標を達成する予定ですか？**

1か月、半年、それとも1年？

じっくりと考えて、現実的な目標を決めましょう。

**いつ、どこにたどりつきたいかを決めておかないと、いつまでたってもたどりつくことはできません。**

そして、最後に。

**Q.いつから、始めますか？**

# あなたがやせるのを邪魔しているものの正体は？

目標を達成するには、目標に向かうまでの道のりに、どんな障害物が待っているかを知ることも大事です。

**いままでやせられなかったのは、何かがあなたをおしとどめていたからです。**

やせるのを邪魔しているものの正体がわかれば、意識的にそれに立ち向かって、打ち勝つことができます。

まず、敵を知りましょう。

では、自分が目標を達成したところを想像してください。
きれいにやせて、理想の体形になっています。
目を閉じて、しばらくその姿をながめてみましょう。

- やせた自分は、どんな感じがしましたか？
- やせた自分を見て、いやだと感じた部分はありますか？
- やせたらこれをやろうと決めていることのなかで、ほんとうは気が進まないことはありませんか？

（やせたら告白するつもりでいる。でも、もし断られたらどうしよう、もう太っているせいだとは言えないし……とか）

あなたがやせたら、ひがんだり、
文句を言ったりするような人は周りにいますか？

ひとつでもネガティブなことが思い浮かんだら、
それをはっきりさせること。
怖いのはそれが見えないからです。
目をそらさないできちんと準備しておけば、もう怖くありません。

ネガティブな要素をうまくかわしながら、
理想のあなたに向かっていきましょう。

# 自分との約束

みごとにやせたあかつきに、
あなたがあなたに贈るごほうびを決めておきましょう。

いままで絶対着られなかったようなモードな洋服を買う？
スリムじゃないと似合わない最新のヘアスタイルにする？

ひょっとしたら、
もっと大きな変化を自分に約束するかもしれませんね。

たとえば――

- 学校に行き直して、
前から習いたかったことを勉強する

- 新しい仕事に挑戦する。
ほんとうは今からしたいのだけれど、
自分に自信がなくて、できないでいる仕事に

- 恋人をつくる！

ほんとうにほしいものを自分に約束するのは、
ちょっと怖いものです。

もし、あなたが、

**やせることをどこか恐れている自分**

に気づいたとしたら、

それは、あなたがもっと自分に自信をもてるようになる第一歩です。

大学の入学案内を取り寄せる。

キャリアコンサルタントに転職の相談をする。

友だちに、誰かいい人いたら紹介して、と頼む。

**大きなゴールへの小さな第一歩を始めましょう。**

# 変化をおそれない

今のままのほうが楽だって、どこかで思っていませんか？
変わるのが怖いって、どこかで思っていませんか？

やせて理想の体形に近づいていくということは、
変化を起こすということです。
自分が変わり、感じ方が変わり、
周りの人たちのあなたを見る目が変わるということです。

**変化はいつでも、怖いものです。**
**人は未知のものを恐れるものだから。**

せっかくゴールがそこまで見えてきたのに、
慣れ親しんだ世界に戻りたいと思ってしまうかもしれません。
つまり、太っていた自分に。
そうすれば、未知の世界に立ち向かわなくてすむから――
ひょっとしたら、
**あなたのリバウンドの原因は**
**これだったのかもしれません。**

新しい世界から、目をそむけないで。
変化を認めて、立ち向かっていって。

**やせてきれいになった自分を、**
**受けとめてあげて。**

あなたが新しい自分を受け入れないでいると、
周りのみんなも、受け入れてくれません。

**まず、あなたが、新しい自分を受け入れて。**
**きれいにやせた新しい自分を楽しみましょう!**

ここで、変化を受け入れるタッピングをお教えします。

次のキーフレーズをとなえながら、
手と顔のタッピングポイントを指先でそっとたたいていきましょう。

ひとつのフレーズごとに、
タッピングポイントをひとととおりたたきます。

「やせることが怖くても、大丈夫」
「やせるのが怖いのは過去の経験のせいかもしれないけれど、もう大丈夫」
「わたしは前に進んでいける」
「わたしは強くなったから、もうやせても大丈夫」
「いまなら自信をもって、自分を受け入れられる」
「わたしはきれいにやせて、ハッピーになれる」

# あなたがやせるのを快く思わない人たち

あなたがやせるのを快く思わない人が
この世に存在するなんて信じがたいことですが、
でも、実際のところ、きっとひとりやふたり、そういう人が現れます。

そういう人に出会ったら、その人たちのそうした感情は
どこからくるものなのかを冷静に観察してみましょう。

ときとして、あなたのいちばんの味方であるはずの親友が、

新しいあなたに、自分が脅かされるように感じて、なんとか、あなたを昔の体形のあなたに引き戻そうとすることがあります。

**考えられる理由のひとつは、ジェラシーです。ほっそりと、魅力的になったあなたへのジェラシーです。**

もうひとつの理由は、自信をつけたあなたが、自分の元を去ってしまう、もう友だちではいられなくなるかもしれないという不安です。

ひょっとしたら、家族すらも、新しいあなたを快く思わないかもしれません。

両親も、きょうだいも。

特に、家族が、かつてのあなたと似た体形でいる場合。

**新しいあなたは、**

**かれらの劣等感を刺激してしまうのです。**

## 期限を決める

この日までにやせる、という日付を決めて、スケジュール帳に書き込みましょう。

すでに起こりはじめている変化を感じましょう。

この日までに、きっと目標を達成することができると信じましょう。

最終目標の前に、いくつか中間目標をつくっておくのも効果的です。

目標の日付に向かって、自分がどんなふうに
変化しているか、つねにチェックしましょう。
きちんと目標に向かっていることを確かめましょう。

そして、スマイル。

肩の力を抜いて、にっこりと笑って。
あなたは変わっていきます。

今度こそ、
なりたかった自分が
現実のものになるのです。

**あなたはたいせつな人。**
**あなたはたいせつな人。**
**あなたはたいせつな人。**
**それを忘れないで。**

あなたはたいせつな人なんだから、
**きちんとケアしてあげましょう。**

あなたが感じていることに、
**ちゃんと気づいてあげましょう。**

あなたはたいせつな人なんだから、
**からだを動かす時間をとってあげましょう。**

あなたはたいせつな人なんだから、
**よいものをからだに入れてあげましょう。**

これは、ダイエットではありません。
ライフスタイル変革です。
**人生を変える試みです。**

ときに、足を踏み外すこともあるでしょう。
でも、忘れないで。

それでもいいってことを。
この本があなたの助けとなることを。
いつも、あなたを支え、勇気づけたいと思って、待っていることを。
あなたには、スリムで、幸せな人生が似合います。

**そして、あなたには、それができる。**

「なりたかった自分になるのに
遅すぎることはない」

ジョージ・エリオット

本書は、２０１１年8月に小社より刊行した『最新最強ダイエット・セラピー』を再編集・改題したものです。

# 読むだけでやせ体質になる!

## こころとからだのダイエット・セラピー

発行日　2016年7月15日　第1刷

Author　キンバリー・ウィリス

Translator　高橋璃子

Book Designer　永松大剛（BUFFALO.GYM）

Publication　株式会社ディスカヴァー・トゥエンティワン
〒102-0093　東京都千代田区平河町2-16-1 平河町森タワー11F
TEL　03-3237-8321（代表）　FAX　03-3237-8323
http://www.d21.co.jp

Publisher　干場弓子
Editor　千葉正幸

Marketing Group
Staff　小田孝文　中澤泰宏　吉澤道子　井筒浩　小関勝則　千葉潤子
飯田智樹　佐藤昌幸　谷口奈緒美　山中麻吏　西川なつか
古矢薫　原大士　郭迪　松原史与志　中村郁子　蛯原昇
安永智洋　鍋田匠伴　榊原僚　佐竹祐哉　廣内悠理　伊東佑真
梅本翔太　奥田千晶　田中姫菜　橋本莉奈　川島理　倉田華
牧野類　渡辺基志　庄司知世　谷中卓

Assistant Staff　俵敬子　町田加奈子　丸山香織　小林里美　井澤徳子
藤井多穂子　藤井かおり　葛目美枝子　伊藤香　常徳すみ
イエン・サムハマ　鈴木洋子　松下史　永井明日佳　片桐麻季
板野千広　阿部純子　岩上幸子　山浦和

Operation Group
Staff　松尾幸政　田中亜紀　福永友紀　杉田彰子　安達情未

Productive Group
Staff　藤田浩芳　原典宏　林秀樹　三谷祐一　石橋和佳　大山聡子
大竹朝子　堀部直人　井上慎平　林拓馬　塔下太朗　松石悠
木下智尋　鄧佩妍　李瑋玲

Printing　共同印刷株式会社



●定価はカバーに表示してあります。本書の無断転載・複写は、著作権法上での例外を除き禁じられています。インターネット、モバイル等の電子メディアにおける無断転載ならびに第三者によるスキャンやデジタル化もこれに準じます。
●乱丁・落丁本はお取り替えいたしますので、小社「不良品交換係」まで着払いにてお送りください。



ISBN978-4-7993-1922-2


©Kimberly Willis, 2016, Printed in Japan.